600个
成长
精彩瞬间

风丽 编著

YNK 云南科技出版社
· 昆明 ·

图书在版编目（CIP）数据

600个成长精彩瞬间 / 风丽编著 . -- 昆明：云南科技出版社，2025. 3. -- ISBN 978-7-5587-6283-3

Ⅰ . G634.343

中国国家版本馆 CIP 数据核字第 2025G8P043 号

600个成长精彩瞬间

600 GE CHENGZHANG JINGCAI SHUNJIAN

风　丽　编著

责任编辑：叶佳林

特约编辑：陈赫蓉

封面设计：李东杰

责任校对：孙玮贤

责任印制：蒋丽芬

书　　号：ISBN 978-7-5587-6283-3

印　　刷：三河市南阳印刷有限公司

开　　本：710mm×1000mm　1/ 16

印　　张：10

字　　数：60千字

版　　次：2025年3月第1版

印　　次：2025年3月第1次印刷

定　　价：59.00元

出版发行：云南科技出版社

地　　址：昆明市环城西路609号

电　　话：0871-64192752

前 言

　　每个人心中都有着与生俱来的表达欲望，这种欲望正是写作的动力所在。对处于学生时代的孩子来说，保持并发扬这种写作欲是一件很重要的事情。然而，许多学生在面对写作时常常会感到困惑和无助，提起笔来首先想到的是"我到底应该写些什么"。这常常让人感到迷惑，甚至萌生出放弃的念头。

　　其实，解决这些困惑并不复杂。我们只需放下心中那些沉重的顾虑，抛弃一些不必要的规则和评判，从你想要写作的那一刻起，勇敢地提起笔，开始一场与内心对话的旅程。

　　这本书专为学生设计，收录了600个脑洞大开的创意练习。其目的在于帮助你从写作的困惑中走出来，让你从"我不知道该如何下笔"变成"我想写、我敢写、我会写、我爱写"。书中的一些练习将引导你关注身边的人和事，让你从日常生活中汲取灵感；另一些练习则构建出一个个富有情感的场景，等待着你续写出动人的故事；还有一些练习鼓励你深入思考，描绘一个人物的言辞、经历和梦想，让你的文字更加生动、丰富。

　　写作能力对于学生的重要性不言而喻。良好的写作技能不仅能够提升你的学业成绩，还能帮助你在未来的学术和职业生涯中脱颖而出。无论是撰写论文、准备演讲稿，还是进行项目汇报，清晰、有条理的表达都是取得成功的关键。此外，写作能力也是批判性思维的重要体现，它能培养你分析和解决问题的能力，让你更有效地与他人沟通协作。

　　良好的写作能力能为你的学习和表达带来更多的益处。现在，不妨翻开这本书吧，让我们在写作的旅程中一起前行，探索文字的无限可能。在这里，每一个练习都是一次心灵的启迪，每一次书写都是一段新的旅程，让我们共同迈出这一步，去拥抱创造的乐趣，体会写作的魅力。通过提升写作能力，你不仅能更好地表达自己，还能在未来的道路上走得更远。

001 在漆黑的夜晚，你透过家里的窗户看到外面灯火通明，这些灯光会组成什么样的图案呢？

002 你做过印象最深刻的梦是什么？

003 森林中有一条小溪，各种动物都会来到小溪旁饮水，这些动物之间会发生什么有趣的对话呢？

004 用 4 个词语形容你的好朋友。

005 如果有灵魂的话, 你觉得自己的灵魂会是什么形状和颜色呢?

006 风吹过的时候会产生声音, 经过不同的地方产生的声音是不一样的, 你都听过什么样的风声?

007 你的座右铭是什么? 为什么呢?

008 周末你跟妈妈去餐厅吃饭，意外地碰到了你最不喜欢的人，用第一人称写下你脑海中的想法。

010 一觉醒来，你发现自己变成了一只小猫，记录你度过的"猫咪的一天"。

009 现在打开窗户，记录下你看到的窗外的风景。

011 海边有一群爬到岸边的螃蟹，它们是为了觅食，还是为了来见朋友？

012 在一望无际的海边，你捡到了一个造型独特的瓶子，里面有一张纸条，上面会写一些什么内容呢？

013 你有一把可爱的梳子，写下你对它的喜爱。

014 作为美术馆的讲解员，请你为观众们介绍一件展品。

015 青蛙大多是生活在水里面的，但是有一只不会游泳的青蛙，它需要怎样做才能快乐地生活呢？

016 假如你变成了孙悟空，你会怎样拯救陷入危机的城市？

017 清晨，太阳刚刚升起来，写下你看到的风景。

018 放学回到家，发现家里面没人，你会帮爸爸妈妈做什么呢？

019 你最喜欢的古代英雄是哪一个？说说为什么？

020 傍晚的天空出现了晚霞，它们是什么形状呢？

022 写下课间休息时发生的一件趣事。

021 清晨，上学的路上，你看到了什么？

023 如果穿越到2000年前，你最想做什么？

024 说一说你最喜欢的一本小说。

026 下雨了，雨点滴滴答答，你觉得像什么？

025 写下你最喜欢的季节有什么特点。

027 一群小羊在山坡上面吃草，后面来了一只大灰狼，小羊们怎么做才能不被大灰狼吃掉呢？

028 水里的小鱼成群结队地出来玩，它们去到了以前没有去过的地方，一路上会看到什么不一样的风景？

029 如果李白来到 21 世纪，他会对什么感到好奇？

030 学校的外墙篱笆上开出了一朵牵牛花，描写一下牵牛花生长的过程。

031 周末想跟妈妈一起去吃美食，你觉得怎么说能打动她？

032 生病的时候，你最想吃的食物是什么？

033 你心中的超人是什么样的？

034 你跟朋友走在路上，忽然他开始变异，你觉得他会变成什么？

035 回忆一个你熟悉的人，描写他的主要特征。

036 为自己写一封推荐信，说一说自己的优点。

038 如果你可以选择人生，你想成为一个什么样的人？

037 你最喜欢的老师是哪一位，为什么？

039 写一写你对班里新同学的印象。

040 描写你最喜欢的一门课程。

041 你有想过人类未来的命运吗？有的话，会是什么样的？

042 记录一次难忘的旅行。

043 在你的印象中，你的外婆是一个什么样的人？

044 你的同桌是一个什么样的人？写一写。

045 你独自走在街上，心里会想什么？

046 当你读这一行字时，你身边在发生什么？

047 你和同学一起做的最开心的事情是什么？

048 你怎么理解"英雄"的含义？

049 假如你有一双翅膀，你想用它来做什么？

050 如果你只能带 1 元钱出门，怎么样才能不饿肚子？

051 为妈妈做一顿饭，并记录下你的感受。

053 你最崇拜的人是谁，原因是什么？

052 你最喜欢哪个节日？

054 记录一次周末郊游的经历。

055 还记得你学骑自行车时的趣事吗？

057 为你喜欢的经典文学作品写一篇推荐文，大约 200 字。

056 描述一下你理想中的大学生活。

058 去动物园游玩了一天，你最大的感受是什么？

059 简单描述一下春天的田野。

060 描述一下你家客厅里的某个物品。

061 以外星人的视角叙述居住在地球上的感受。

062 风雪中的操场给你的感受是什么？

063 你有秘密吗？是什么？

064 如果水果有智力，它们会做些什么来避免自己被吃掉？

065 假如时空交错，你在穿越时空的时候，遇到了未来的你，你想对未来的你说些什么？

066 你生活的地方有什么好玩的、好吃的？为你的家乡写一封推荐信吧。

067 以"我有一种超能力"为开头，写一个故事。

069 一天，妈妈回来神神秘秘地告诉你，她们公司的人都在议论一件事，你认为会是什么？

068 你对"打工人"这一称呼有什么感悟？

070 想象自己是某种会跑会跳的动物，清晰地描述它的特点。

071 假如你会隐身术，但只能隐身1天，你会做什么？

073 写一段即兴说唱词。

072 如果可以改变身上的某一个部位，你希望这个部位是哪儿？为什么？

074 每个人的父亲都有不一样的职业，他们有的是司机，有的是工人，有的是企业家，你的父亲是一个什么样的人呢？

075 你认为哪种植物最能代表你的性格？描述一下这种植物。

076 为即将到来的周末做一个规划。

077 试着写一副创意十足的对联。

078 写一写你最喜爱的食物。

079 不提"雪"字，描述下雪的场景。

080 你是怎么理解"解压"的？列举 2 种你特别喜欢的解压方式。

081 向盲人描述红色。

082 如果有一天，你出现在自己最喜欢的童话故事里，你希望成为哪个角色？

083 你最喜欢的娱乐节目是什么呢?

085 描写自然界中你讨厌的一种植物。

084 你喜欢哪种类型的音乐, 为什么?

086 你眼中的美丽村庄是什么样的?

087 描写一片枣树林。

088 记录校园的四季。

089 厨房里的工具在晚上开起了会，都在争论谁的功劳最大。你认为厨房里的工具，谁的功劳最大呢？

090 家里有一个"开心果"，每天都会让大家快乐，谁是你家里的"开心果"呢？他都做了什么？

091 你到外地旅游，正玩得开心，突然出现了一个体型巨大的怪物，想想办法打败他吧。

092 本是平平无奇的你，一觉睡醒发现自己成了名人，是什么原因造成的？你接下来的生活会有哪些改变？写下来。

093 描述一次体现你"勇敢"的经历。

094 遇到很久没见到的好朋友，你会有什么感受？

095 写一个搞笑又有深意的简短故事。

096 说一说你看过的小说中印象最深的主人公是什么样的人。

097 你认为在海洋的深处会有什么样的动物？描述一下它们的特征。

098 假如你是一名船长，带领着你的船员在大海上航行。你们在海上见识到了各种神奇的事情，发挥一下想象，你们都遇到了什么事情？

099 你认为他人眼中的你是什么样的？

100 假如你是一只宠物猫，每天就在家里玩耍。在你的眼中，你的主人是什么样的？以猫咪的视角描写一下主人的生活状态。

101 读一部小说，并描述其中你最喜欢的角色。

103 描述一下你最近的学习状态。

102 找一处你喜欢的地方，观察四周，然后把你的所见所闻写下来。

104 下雨天，你最喜欢做的事情是什么？

105 《西游记》里的妖怪，你最害怕哪一个？为什么？

106 影子就像我们的"隐形朋友"，你有什么话想对他 / 她说吗？

107 描述你心爱的一把雨伞。

108 你认为未来的学校会是什么样的？

109 你在梦中发生过奇遇吗？写下来。

110 记录快乐的一天。

111 你的生日是怎么过的？蛋糕是什么样的？

112 爸爸妈妈带你去看望奶奶，你想给她准备什么样的礼物？

113 AI 时代来临，你觉得你的生活会有什么变化？

114 最近让你印象深刻的早餐是什么？

115 你最喜欢哪个节日？描述一下你过节的感受。

116 你最擅长哪一样家务？你是怎么做的？

118 假如你是班主任，你会度过怎样的一天？

117 给未来的自己写一封信。

119 如果有机会，你想要一个什么样的新朋友？

120 写下你对今天的热点新闻的感受。

121 你会在意别人对你的评价吗？为什么？

122 描述一下你今天学到新知识的感受。

123 下雪天，你最喜欢做的事情是什么？写下最难忘的那次经历。

124 如果有一天，我们身边的物品会说话，你最想听哪种物品说话？想象一下它会说什么？

125 你最喜欢的一句诗是什么？为什么？

126 假如你和一群陌生人度过一个周末，你们会做些什么？

127 你会因为什么原因删除社交平台上的好友？

128 描述一下，到目前为止，你最意外的一笔收入是什么？

130 假如可以重新上一次小学，你想怎样度过？

129 选择一个童话故事，发挥你的想象，根据开篇情节续写故事。

131 如果有人向你最好的朋友打听你的缺点，你认为他会怎么说呢？

132 如果让你发明一种智能公交车，你认为它应该具备什么功能？

133 你现在最想买的东西是什么？

134 列一份清单，写下你和朋友做过的奇奇怪怪的事。

135 用 3 种不同的方式表达"天气很热"。

136 用"轮船""海滩""波浪"为关键词, 即兴创作一篇微小说。

137 描写生活中的小惊喜。

138 未来 5 年, 你的规划是什么?

139 时间回到初中开学前的那个暑假，写一写发生了什么。

140 描述一个你感兴趣的学科。

141 目前为止，你干过最"牛"的事情是什么？

142 父母曾经当着你的面争吵过吗？如果有的话，那你当时心里在想些什么？

143 用 10 种不同的方式表达"我爱你"。

144 有一天，你不经意间在你同桌的书包里发现了一个打火机。以此为开头展开叙述。

145 假如没有发明手机，你的生活会有什么变化？

146 你最喜欢的植物是什么？写出原因。

147 你去过乡村吗？你最喜欢乡村的哪一点？

148 描述一场暴风雨。

149 你最喜欢哪种水果？写下理由。

150 读一读《绿山墙的安妮》这本书，并写下读后感。

151 以小树苗的口吻，给人类写一封信。

152 在天气晴朗的晚上观察夜空，写下你看到的景象。

153 以班干部的角度，写一则放假通知。

154 你的笔记本丢了，以此写一则寻物启事。

155 关于你的日常饮食，有哪些想对爸爸妈妈说的？

156 用 200 字写一份《环境保护倡议书》。

157 你看过《狮子王》吗？写下你的感想。

158 你遇到过哪些善意的谎言？

159 到目前为止，你的好朋友做过什么令你感动的事情？

160 下雨天，你忘记带伞了，写下你的心理活动。

162 轮滑是一项很刺激的运动，你喜欢这项运动吗？

161 你认为向日葵为什么总是朝向太阳？

163 我们小的时候都很怕黑，写下你第一次独自睡觉时的感受。

164 春节是我国非常重要的传统节日，写下你对春节的印象。

165 节日的时候，跟妈妈一起包饺子，写下你的感受。

166 写下你上一次发自内心的快乐感受。

167 你最近一次掉眼泪是因为什么？

168 描述你最难堪的一次经历。

169 你认为 100 年后的地球会是什么样子的?

170 简单描述你的一天。

171 你和父母的相处模式是怎样的?

172 你认为哪一种味道最能代表春天？为什么？

173 你最想和谁交换身份？写下原因。

174 3天后就是儿童节，假如你即将小学毕业，你打算怎样度过？

175 描述一下你的班主任。

176 与陌生人互寄明信片，你会写些什么？

177 描述一下，太空里会有什么？

178 毕业或搬家，你最舍不得丢的东西是什么？说一说理由。

179 你正在一家餐厅吃饭，描绘一下餐厅外面的风景。

180 以"夏天""荷花""礼物"为关键词写一则故事。

181 元宵节是一个既热闹又好玩的传统节日，写下你的所见所闻。

182 清明节的青团是什么滋味？写下你的品尝体验。

清明

183 你印象中对"父爱"最清晰的一次感受是怎样的？

184 中秋的月亮对你来说有什么特殊的含义？

185 想象一下，明年的今天你会在哪里，做什么？

186 你想把哪项运动加入奥运会比赛项目？写下你的理由。

187 描述你去游乐园的一次不愉快经历。

188 "母亲节"这天，写下你想送给妈妈的惊喜。

189 写下端午节的 3 个习俗。

190 去植树，并记录下你的感受。

191 用一段文字，向老年人介绍微信"朋友圈"。

192 写下你最喜欢的 5 个城市及理由。

193 在我国地图上看一看, 有哪些城市的名称"惊艳"到你?

194 描述宇航员的一天。

195 分享一下你的奇思妙想。

196 描述一个你觉得很酷的人。

197 如果有机会种一棵树，你想种什么？

198 描述你感到最骄傲的时刻。

199 描述一件你希望永远都能陪在你身边的东西。

200 听着你喜欢的歌曲，写下你对歌词的理解。

201 元旦时，班级里举行了什么庆祝活动？写下你的感受。

202 从小到大的儿童节，哪一次令你久久难忘？

203 如果时间多出来一天，你最想做的事情是什么？

204 选一样你最喜欢的节日食品，如粽子、汤圆等，写下你喜欢的原因。

205 写下你最喜欢的描述中秋节的诗句。

206 写一则冷笑话。

207 秋天的第一片落叶正在飘落，以落叶的视角描述它的所见所闻。

208 用一两句话描述你像什么，以及你为什么像。

209 假如你赌气离家出走，该如何填饱肚子？

210 一边听着喜欢的音乐，一边写下让你感到舒服的场景。

211 炎热的夏天，你喜欢用什么方式来解暑？

212 选择一件你童年时代印象深刻的事情，写下来。

213 描述你第一天上幼儿园的场景。

214 用第三人称、现在时态，改写上一条你的回忆。

215 想象一下，一个生活在几百年前的同龄人，他闲暇时喜欢玩什么？

216 以上一条为背景，如果他被邀请来到现代参加宴会，他会吃些什么？

---

217 写出花朵与蜜蜂的相似之处。

218 你认为偶像的价值是什么？

219 描写你认为非常糟糕的一天。

220 用一种水果形容你喜欢的事情。

221 写一份自我介绍。

222 如果银行给你的账户上错打了 12 亿元，你会怎么做？

223 你体会过孤独吗？写下你的感受。

224 新年晚会上临时被要求表演节目，但是你没有什么特殊才艺，你该如何化解尴尬？

225 如果《神奇动物在哪里》的故事发生在中国，请描述一个你认为很有意思的情节。

227 描写一次你看病的经历。

226 描写一次让你记忆深刻的做客经历。

228 给你最喜爱的作家写一封信，和他探讨一个你关心的文学问题。

229 印象中，你的老师做过什么让你大跌眼镜的事情？

230 用你了解到的知识，描述"为什么我们感觉不到地球在转动"。

231 你觉得水星上有水吗？

232 你见过火山喷发吗？那场景你觉得像什么？

233 什么是海市蜃楼？

234 观察你的指纹，用它做一些有趣的事情，并记录下来。

235 如果流星可以帮你实现愿望，你会许一个什么愿望呢？

236 你觉得电脑可以代替人脑吗？

237 你害怕衰老吗？为什么？

238 为什么在伤口上撒盐会很痛？

239 你最想去哪个国家看风景呢?

241 如果可以和世界上任何一个人一起度过一天, 你会选择和谁?

240 如果古人也有朋友圈, 想象一下他们会发什么?

242 你想出名吗? 你会以什么样的方式出名?

243 描述你今年的第一个红包以及用处。

244 你心中最完美的一天做了哪些事呢?

245 未来,你作为一家公司的高管,描写一下你每天的行程安排。

246 有个人独自坐在公园的长椅上，你猜他会想些什么？

247 写一段你与星空的对话。

248 你是如何赶走生活中的坏情绪的？

249 你上次唱歌给自己听是什么时候？上一次唱歌给别人听又是什么时候？

250 如果你能活到 90 岁，当你退休后，你想过什么样的日子？

251 你有考虑过自己的未来吗？它是什么样的？

252 举出 3 个你与同桌的共同点。

253 如果某天早上起来，你发现自己拥有了某种超能力，你希望是什么能力呢？

254 如果可以选择性别，你想成为男生还是女生？为什么？

256 在你心中排第一的故事是哪个？

255 你对自己的哪个部位不满意？为什么？

257 与和自己同名的人相处是一种怎样的体验？

258 如果有一颗魔法球能告诉你有关未来的事情，你最想知道什么？

259 到目前为止，你最大的成就是什么？

260 你有已经盼望了很久，想做但还没做的事情吗？

261 你最看重好朋友的哪一点？

262 科幻作品中有哪些情节颠覆你的认知？为什么？

263 用 3 种不同的颜色来描述昨天的你、今天的你和明天的你。

264 描述你吃到过的最甜的西瓜。

265 你最想从事的工作是什么？写一写原因。

266 你觉得扮演圣诞老人需要学习哪些技能？

267 友情对你来说有多重要？

268 用"我们"做主语造 3 个肯定句。比如，我们都在房间里。

269 完成句子"我希望我有一个想与他/她分享的……"

270 如果你能与旁边的人成为亲密好友，分享一下你觉得对方必须知道的事情。

272 描述你被动物欺负的一次经历。

271 为你家乡冬天的风景写一个片段，抓住主要特点。

273 描述一下你生活中某个充满挑战的时刻。

274 假如你家着火了，里面有你所有的东西。在抢救出你最喜欢的东西、宠物后，你还有时间再最后一次冲进去抢救一件东西，你会选择什么？

275 你体验过"被理解"吗？描述一下你感到真正被人理解的瞬间。

276 你童年的爱好是什么？现在还是吗？

277 你上一次原谅自己是什么时候？

278 描述你参加过的最难忘的一次聚会。

279 如果你和另一个自己相遇，会发生什么？

280 描述一段最令你感动的文字。

281 以讲解员的身份，向参观者介绍梵高的《向日葵》。

282 到目前为止，你有什么遗憾吗？

283 如果你必须去一个你曾经去过的地方，你会选择哪里？

284 有没有什么尴尬的时刻，至今还让你念念不忘？

285 你与童年的朋友还有联系吗？写下他们的名字。

286 你送出过的最好的礼物是什么？

 288 有哪些习惯是你家庭中比较重要的？

287 你收到过的最好的礼物是什么？

289 你喜欢自己生活的城市、小镇或乡村吗？

290 过去一年中，你感到最快乐的是什么事情？

292 你想对 16 岁的自己说些什么？

291 过去一年中，你感到最难过的是什么事情？

293 写下你对明年的期许。

294 想象一下你第一次约会的场景，写下来。

295 写出 5 件可能让你感到恐慌的事情。

296 有什么爱好能给你带来成就感和愉悦感？

297 你最珍贵的东西是什么？

298 描述一个你每天都会见到的人。

299 你喜欢冒险吗？为什么？

300 为你的好朋友写一首藏头诗。

301 你希望改掉哪个坏习惯？

302 描述一下你看过的一部被感动哭的电影／电视剧。

304 描述夜空中的星星。

303 为什么彗星又被称为"扫帚星"？

305 你知道地球是怎样形成的吗？写一篇200字的介绍文字。

306 你认为月亮上到底有没有住着嫦娥和吴刚？

307 为什么树叶到秋天就会变黄？

308 描述一下指南针指示方向的原理。

309 为什么蛤、蚌里能产珍珠？

310 你认为"天外有天"吗？

311 描写一下你眼中的春天。

312 为你目前的心愿列一个清单。

313 你的书架上有哪些书？

314 你最想穿越去哪个朝代？为什么？

315 写下此时此刻你的内心独白。

316 描述一下你看过的被感动哭的故事。

317 写下你现在的愿望、中年的愿望和老年的愿望。

318 你想象中的未来课桌会是什么样的?

320 还记得妈妈的怀抱是什么感觉吗? 写下来。

319 现在打开窗户看看外面, 写下你第一眼看到的树的形状。

321 你都有哪些动物朋友? 写一写它们吧!

322 描写你在车上看到的一幕。

324 夏天的蚊子给你带来了怎样的困扰?

323 教室里传出了一阵掌声,猜猜里面可能发生了什么?

325 你身边有哪些"与时俱进"的例子?

326 你是怎么理解"女强人"这个称谓的？

327 每个班级里都有一些性格鲜明的孩子，你所在的班级有什么样的"达人"呢？

328 你认为"星际警察"是一份什么样的工作？

329 冰与光有什么共同点？

330 你认为"友谊的小船"如何能够保持不翻?

331 你认为丑小鸭是因为什么原因落在鸭妈妈窝里的?

332 用一段话描述你所在的城市,不能出现地名,但是要让大家能够猜到是哪座城市。

333 目前最让你期待有好结果的事情是什么?

334 写一写你爱吃的零食，包括口感、味道，以及你为什么喜欢它。

336 你见过蚕宝宝吗？写一写你对它们的认知。

335 假如你对社交比较恐惧，描述你的一天。

337 描述你被警察叔叔帮助的一次经历。

338 你有当哥哥姐姐或者弟弟妹妹的经历吗？写下你的感受。

340 描述你人生中第一次吵架的经历。

339 记录一次你尝试养花的经历。

341 如果你拥有一座房子，你认为它应当建在哪里？为什么？

342 观察公交车上的人，用几句话描述离你最近的几位乘客。

343 你居住的地方有桥吗？仔细观察它，并写下来。

344 每个人的家乡都有一些自然风景，写一写你家乡优美的景色。

345 清晨的校园是什么样的？描述一下。

346 校园里的春夏秋冬分别是什么样的？

347 描述最让你感到无助的一次经历。

348 你最喜欢校园的哪个角落？为什么？

349 你目前最大的烦恼是什么？

350 你家附近都有什么植物？

352 有一天，你家小猫突然说："主人，我要离家出走了。"反思一下，你可能在哪些方面让它感到难过了？

351 描写你最喜欢的一种运动。

353 海边露营的夜晚是什么样的？

354 你在公园或游乐园里玩过什么有趣的游戏？

356 班级的新年晚会，你看后有什么感受？

355 带上鱼竿，跟家人一起去钓鱼吧！并记录你的体验。

357 你认为做一个"满分小孩"需要具备哪些特质？

358 描述最近你在商场看到的让你一见倾心的物品。

359 用天马行空来形容你合适吗？为什么？

360 有没有一部电影或小说的结尾令你非常不满意？说出你不满意的原因。

361 一对好朋友刚吵完架，想象一下他们再次相见时会发生什么？

362 写下你喜欢的鱼类。

363 撰写一篇演讲词。

364 假如你有另外一个身份，你觉得会是什么？

365 描述一下你最想收到的生日礼物。

366 蒲公英是一种很常见的植物，观察它，写下你看到的蒲公英。

368 你的家乡有什么特色美食？

367 你认为动物园里的动物快乐吗？

369 描述一种你常见的小吃。

370 摘抄一段让你惊艳的名著的开头。

372 生日这天，你会如何表达对父母的感谢？

371 列出5件让你感到高兴的事情。

373 试一试用绿豆培育绿豆芽，可以请爸爸妈妈帮忙，并记录豆芽的成长过程。

374 假如你跟哪吒是朋友，你会跟他度过怎样的一天？

375 从小到大，哪次意外让你心有余悸？

376 哪条广告令你无法理解？吐槽一下。

377 介绍一下你的母校。

378 选择一件你认为很有意义的物品，作为今后要传给下一代的小物件，说一说为何选了这件物品。

379 一场暴风雨后，路边很多树被折断了。描述风暴来袭之前的天色。

380 描述一件你曾经特别渴望、得到后却从未使用过的东西。

381 描述一件未来可能会出现的、你不知道该怎么用的电子产品。

382 列出你童年住所附近的树名。

384 关于苹果，你有哪些趣事可以写下来？

383 你写过最特别的作业是什么？

385 如果能立刻学会一项技能或一种语言，你会选择什么？为什么？

386 摘抄一些关于蝴蝶的诗句。

387 我国有二十四节气，写出你知道的节气。

388 写下你最喜欢的颜色及其原因。

389 假如你发现了一本奶奶的日记，猜猜里面可能会写着什么内容？

390 为你喜欢的物品写一首诗。

391 你曾经遗失过什么心爱的东西吗？

392 写一个让你感到尴尬的喷嚏。

393 你捡到过哪些有趣的东西？

394 别人对你说过的刻薄的话有哪些？你当时的感受如何？

395 虚构一个具有戏剧性的故事，其中穿插一个秘密和一个谎言。

396 想象自己是一只鸟，以鸟的视角写一个简短的故事。不需要完整的情节，你想写什么就写什么。

397 你生气的时候通常会说什么话？

398 评价一下自己的长相。

400 如果你可以帮一个人实现愿望，你希望那个人是谁？那个愿望又会是什么？

399 送一束花给平日里关心自己的朋友或者家人，写下他们收到花时的感受。

401 以下面这句话为开头写一个场景：我万万没想到那件事是我的错……

402 你吃过饭菜最难吃的餐馆叫什么名字?

404 写下你 6 年后的社交状态。

403 一株盆栽快死了,给它一个继续活下去的理由。

405 假如你是一名船长,描述你的一天。

406 猜测一下，此时此刻，从你跟前路过的第一位男士在想什么。

407 写一则背景设置在 2000 年前发生在河南的简短的故事。

408 描述最近一次让你感到尴尬的时刻，以及相关的人物介绍。

409 你认为，中学时期发生的哪件事改变了你的人生轨迹？

410 爸爸妈妈正在为你准备生日聚餐,你趴在窗户边往楼下看,心里在想什么?

411 一个人在做极限运动时会是什么样的感受?

412 你认为是什么引发了地震?

413 最近,你对"爱"有哪些感触和理解?

414 假如你的眼睛要失明3 天, 你会怎么度过?

416 "得意扬扬" 是一种什么样的感受?

415 你吃冰激凌最开心的一次体验是在什么时候?

417 写一则短篇故事, 将自己设定成一个反派人物。

418 你觉得自己还是小孩子吗？为什么？

420 写下在看过的电影或电视剧中，你最喜欢的情节。

419 目前，你觉得发生在自己身上最糟的事是什么？

421 你觉得发生的最棒的事是什么？

422 假如你正在台上对数千人做演讲，突然被台下的人指责说谎，你该怎么办？

423 你最近一餐吃了什么？描述一下它们的口感和味道。

424 用荒诞滑稽的风格，描述你回家的路线。

425 假如你可以变身成西游记里的人物，你最想变成谁？

426 列出让你印象深刻的书籍，然后选取其中一本进行扩展，文字中不要提及自己。

427 你认为自己目前做过的最困难的决定是什么？

428 你发现自己在路上丢失了贵重物品，接下来你会怎么做？

429 描述最近一次令你尴尬的谈话，然后改写，可以把当时难以言说的内容写出来。

430 为新鲜的葡萄撰写一条广告语，吸引人们来品尝购买。

431 以下面这句话作为开头写一个场景：那是我第一次做饭……

432 和朋友一起去餐厅吃饭，回来后用那位朋友的语气写作，以朋友说的某些话作为开场白。

433 写一写你童年卧室里的3样东西。

434 你的衣柜里有什么让你一直珍藏的物品？

436 回想自己生气时，做哪件事情能让自己平静下来？想一想自己是从哪儿学到的这个方法？

435 从某个历史人物的视角出发进行写作，如秦始皇、武则天或诸葛亮。

437 你不得不把卧室让给表妹或表弟暂住一周。请以他们的视角描述你的卧室。

438 假如你在路边醒来，失去记忆，并且身无分文。想象一下，在接下来的 1 个小时里，将会发生什么？

439 想象一下，夜晚，你的书包会想些什么？

440 一天，同年级一个和你不太熟的同学来到你家，说有重要的事要告诉你。 他看起来长什么样，说了什么？

441 选一个能代表自己个人特点的动物，描述这个动物。

442 试着给一位陌生人写封匿名信，分享你的人生体验。

443 你误发了一条消息，被本不该收到的人收到了，接下来会发生什么？

444 你接到一个令人非常不安的消息，甚至希望自己从未知道这件事，那会是什么？

445 一只受伤的小鹿被护林员叔叔救了，后来小鹿恢复了健康，被放归到大自然中。小鹿在找回家的路，试着描写一下小鹿回家的路上的经历。

446 记录你逛超市的所见所闻。

448 一场大雨会给周围的环境带来什么变化?

447 你看见过蚂蚁搬家吗?写下你的感想。

449 分享你最近正在读的一本书。

450 你的新玩具有什么好玩的地方？写一写。

452 父母带你去参加了一场婚礼，描述你的所见所闻。

451 秋天的田野是什么样的？

453 如果要去野餐，你会带哪些东西？列一个详细的清单。

454 现在开始整理你的书桌，并记录感受。

455 在你的学生时代，你会受到很多老师的教导。你最喜欢哪位老师？他都教会了你什么？

456 假如你家有一亩水田，水田里的稻谷成熟了，你会帮家里做什么？

457 天空下的雪几乎都是白色的，但是突然有一天下起了黑色的雪，猜测一下到底发生了什么。

458 观察你的身体部位，选择其中的 3 个写比喻句。

459 写一首诗，开头一句是"假如我是一朵云"。

460 回家的路上，你看到一个哇哇大哭的婴儿，猜猜他遇到了什么事情？

461 你喜欢《变形金刚》里的哪个角色？说说为什么。

462 假如你正站在一座山上，想象一下，山的那边是什么。

464 你认为夏天是什么味道?

463 假如现在正值暑假，你的作业写完了，吃过午饭后你想做什么?

465 如果真的有外星生物，你觉得他们的长相会是什么样的?

466 用最少的字讲一个完整的故事。

468 讲述去年夏天让你最开心的一件事。

467 写出你喜欢的 8 种冰激凌的味道。

469 冒着气泡的饮料，给你的感觉是什么？

470 描述你的好朋友的一个优点。

471 描述你的好朋友的一个缺点。

472 你是怎么理解"人无完人"这个成语的?

473 夏天的夜晚,有蝉鸣、有鸟叫、有蛙声。想一想,还有什么是夏天的夜晚会出现的。

474 一幅画中有山也有水，当你走进画中的世界，在你的身上会发生什么有趣的事情？

475 你站在 100 层的高楼上，会看到什么样的风景？

476 出去旅游的时候只能带一个玩具，你会带什么？

477 给 100 年后的人类写几句话。

478 你所在的城市有哪些景点？描述其中一个。

480 孙悟空大闹天宫的时候被如来佛压在了五指山下500年。这500年里孙悟空是怎样生活的？他吃一些什么食物？

479 火山上面没有火，却可以把鸡蛋煮熟，这是为什么？

481 奇形怪状的山峰有很多，有的像刀、有的像鱼、有的像馒头，你都见过什么样的山峰？把它的样子描述出来。

482 你吃过最好吃的一道菜是什么?

484 写一件你害怕的事情。

483 描述你家附近你最喜欢的一个地方。

485 假如一颗苹果落到了你的头上,会引发你的什么遐想?

486 你在上学的路上碰到了要过马路的老奶奶，但是路上都是车，你要怎样做才能帮助老奶奶安全地过马路呢？

487 一只小老鼠在旅行的时候捡到了一盏神灯，它会许下什么心愿？

488 假如你拥有一项神奇的能力，可以听到小猫说话的声音，猜一猜小猫会说些什么。

489 给童年的你写一封信。

490　写下你度过的最快乐的一个儿童节。

491　你有喜欢的偶像吗？写下你喜欢他 / 她的理由。

492　你是怎么理解"自由"的？

493　假如班主任说今天不上早自习，猜猜班里面会发生什么事情。

494 你最喜欢的一部动画片是什么？

496 你撒过最失败的一次谎是什么？

495 爸爸妈妈是怎么给你解释你的名字含义的呢？

497 以"深夜，我看到一颗星星从夜空划过"为开头写一则故事。

498 朋友跟你吐槽他心情不好，你觉得原因是什么？

500 爷爷的家里养了一头母猪，母猪生了小猪宝宝。你要怎样照顾小猪宝宝呢？

499 我们国家地大物博，有很多的"国宝"。它们都在博物馆里。深夜，如果这些"国宝"会说话，它们会聊什么呢？以此为背景，写一则小故事，要求描写"国宝"们各自独特的造型和特点。

501 描写一个你曾经待过的除了家之外的房间。

502 这个学期，你觉得哪件事最令你难过？

503 你非常喜欢去旅游，在你去旅游的过程中发生过什么有趣的事情？

504 用你喜欢的歌名来形容你的爸爸、妈妈。

505 讲一个冷知识。

506 记录昨天发生在你身上的一件小事。

507 假如跟同学出去秋游时发生意外，你和同学们都被困在一座孤岛上，接下来会发生什么呢？

508 早上醒来，假如你发现自己的性别发生了转换，写下你的心情。

509 描写一家小吃店。

510 描写一下你最近一次看到的闪电的形状。

512 你吃过最难吃的食物是什么?

511 写一则科幻故事,内容是 12 岁的你和 20 岁的你一起去游乐场。

513 动物园里开大会了,每个动物都有发言的机会。猴子说它喜欢在树上跳来跳去,但是动物园里没有大树,希望能在动物园里种上大树。那么其他的动物会提一些什么意见呢?

514 台风要来了，你家就在海边，你要做些什么来保障家里的安全？

516 人在睡觉的时候通常会做梦，你做过最开心的梦是什么？

515 你想学习武术吗？说说你的理由。

517 当你穿越到了古代的某个王朝，与一名驰骋疆场的将军在一起，叙述你和他日常的一天。

518 想家时，你最想念的童年物件是什么？

519 描述一下你书包的颜色和样式，以及你对它的感情。

520 描写生活中你非常羡慕的一个人，并写下羡慕他／她的原因。

521 写一件让你感到羞愧的事。

522 假如你在异国他乡迷路了，一个会中文的人都找不到，你该怎么办？

523 最近一次让你开怀大笑的事情是什么？

524 今天的天空格外明亮，阳光透过窗户照进房间，照在书桌上，照在床上，照得一片明亮。你的心情美美的，迫不及待地穿衣起床，因为你今天要去做什么呢？

525 你读过《山海经》吗？你觉得里面哪种生物比较符合你的喜好？

526 小猫和小狗，你更喜欢选择哪种做你的宠物呢？

528 爷爷最喜欢做的事情是什么？

527 你有遗憾的事情吗？写一写为什么。

529 一觉醒来，你变成了一棵生长在森林边缘的大树，你的身边会有什么动物？它们在做什么？

530 当有一个你很讨厌的人出现在你面前，但是你又要和他一起合作做某件事，这时你要怎么做才能避免尴尬？

532 假如你和爸爸在某一天互换了身份，在这一天里，你们要体验对方的生活和经历，想象一下会发生什么事情？

531 某天凌晨，你接到了一个陌生人的来电，电话的那头会说些什么呢？

533 你正驾驶着飞船在太空航行，看到了外星人驾驶着飞船也在太空中穿梭，那些飞船都有什么形状？

534 快乐的小鼹鼠在地下穿行，它要去干什么？

535 为什么说秋天是个收获的季节？写下你的见解。

536 下水道的盖子为什么是圆的？请列出 5 个理由。

537 你小时候的梦想是什么？

538 你现在的梦想是什么呢?

539 为大自然写一首诗。

540 巧克力的味道会让你想起什么?

541 如果你的宠物会说话, 描述你和它的对话。

542 你认为冬天最不能缺少的 3 样东西是什么？

544 带着 100 元钱去水果店，你会买些什么？

543 你是一只居住在故宫里的猫，描述一下你看到的四季。

545 你喜欢的春天是什么样子的？

546 用 3 个词描述你的童年。

548 描述一下你今天傍晚看到的云。

547 假如艺术馆着火了，你会抢救一幅名画，还是会救一只猫？为什么？

549 门前的小桥下游过一群小鸭子，它们会经历什么有趣的事情？

550 一个朋友曾对你做过一件很特别的事情，你当时的感受是什么？

551 看到日落，你会想到什么？

552 描述你童年时期发生的 3 件趣事。

553 描述对你来说非常重要的一个地方，如一条河、一片树林、一个公园。尽可能多地写出这个地方的细节。

554 评论《诗经》中的任意一首诗。

555 下过雨之后，你最想和谁一起散步？你们会聊一些什么话题？

556 列举长大后的 3 个好处。

557 苏格拉底的名言："我只知道一件事，那就是我什么都不知道。"说说你对这句话的理解。

558 如果拥有瞬间移动的能力，你最想做什么？

560 假如你现在身处欧洲，住在海边的别墅里，你最想做的是什么？

559 描述你印象中的夏日黄昏的样子。

561 上个星期五晚上，你在做什么？写下你当时的心情。

562 描写你经历过的某个场景，比如第一次去海边、第一次出远门、第一次考试不及格。

564 写下你想对妈妈说的话。

563 写下你想对爸爸说的话。

565 写一段发生在海边的往事。

566 形容一下冬天的味道。

567 如果用颜色来形容，星期五会是什么颜色的？

568 想象一下，古代的零食有哪些？

569 用简单的语言，向一个 5 岁的孩子解释什么是人工智能。

570 将这句话补充完整：我早就想说……

571 去年的今天，你在做什么？

572 早上醒来后，写下你想到的第一件事。

573 当你走进厨房，打开储物柜，你最先看到的 3 件东西会融入同一个场景，请描述一下。

574 如果你穿越到2150年，描述一下未来商场的样子。

576 妈妈送给你的一份难忘的礼物是什么？

575 抬头看看，今天天空的模样。

577 目前为止，你用得最久的一样东西是什么？

578 生动描述一段童年的回忆。

580 描述你最爱的一件衣服。

579 假如你是一位主厨，正在准备国宴，你打算做哪些菜？

581 你身陷最严重的高速堵车中，已经堵了两天了，路上到底发生了什么？

582 记录一段你参加比赛输了的经历。

583 每个人都有独特的天赋，写一写你的特殊技能。

584 描述一下你的妈妈。

585 描述一个你记忆深刻的梦境。

586 假如你是一位律师，正在处理一起离婚案，唯一有争议的是小狗监护权的归属问题。你将如何替你的客户争取它？

587 "安静"是一种怎样的声音？你最近一次听见是在什么时候？

588 列举 3 件你总是做不好的事情。

589 用天马行空、出人意料的比喻句来描述"下降"。

590 以你的宠物猫咪的视角描述一下它生活的环境。

592 写下你此刻坐下写作时的内心独白。

591 为土豆写一首诗。

593 假设你今年 18 岁，给女友 / 男友写一封情书。

594 假如你有一台时光穿梭机，但只能回到两天前，你希望改变什么？

596 你认为别人不了解你的地方是什么？

595 写一件自己完全不了解的事，不用考虑实际情况。

597 你对"幸福"是怎么理解的？

598 你最爱自己的哪一点?

599 你觉得什么是真正的快乐?

600 当你遇到麻烦的时候, 你第一个想到能帮你的人是谁?